# Gott und das Leid

## Warum lässt Gott das Leid zu?

Meinen seligen Großmüttern
gewidmet

Emilie Gellert und Maria Eckhart

Soli Deo Gloria

Dirk Gellert

# Gott und das Leid

## Warum lässt Gott das Leid zu?

Imprimatur
Nr. A 58-21.00.2/921
Paderbornae, d. 30. m. Iulii 2014
Vicarius Generalis Alfons Hardt


Bibliografische Information der Deutschen
Nationalbibliothek
Die Deutsche Nationalbibliothek verzeichnet diese
Publikation in der Deutschen Nationalbibliografie,
detaillierte bibliografische Daten sind im Internet über
<http//dnb.dnb.de> abrufbar.


© 2014 Dirk Gellert
Herstellung und Verlag
BoD – Books on Demand, Norderstedt

ISBN: 978-3-7357-8197-0

# Inhaltsverzeichnis

Vorwort..................................................7

1.0 Das vielfältige Leid in der Welt...................9
1.1 Das selbst verursachte Leid
1.2 Das unabwendbare Leid

2.0 Doppeltes Leid......................................14
2.1 Das Leid der Heiligen
2.2 Niemand wird verschont

3.0 Warum lässt Gott das Leid zu...................21
3.1 Die Theodizee
3.2 Ein existenzieller Konflikt

4.0 Kein Grund zu zweifeln..........................27
4.1 Alles hat zwei Seiten
4.2 Der Glaube bleibt begründbar

5.0 Kann Leid einen Sinn haben?..................32
5.1 Impuls zur Umkehr
5.2 Neues entsteht

6.0 Das Kreuz Christi.................................37
6.1 Die Solidarität Gottes mit den Leidenden
6.2 Hinweis auf das Unvermeidliche

7.0 Die beste aller Welten..................41
7.1 Der Sinn des Lebens
7.2 Die Freiheit des Individuums

8.0 Gott ist die Liebe...........................44
8.1 Die Liebe Gottes im Alten Testament
8.2 Die Liebe Gottes im Neuen Testament

9.0 Gott und das Leid...........................52
9.1 Ein Leben voller Zuversicht
9.2 In Anbetracht der Ewigkeit

Nachwort......................................60

Prägnante Sätze..............................62

Anhang.........................................70
(Wortlaut der angeführten Bibeltexte, Der Autor,
Erläuterung zur Widmung, Gebete)

Literaturverzeichnis..........................87

# Vorwort

Leid ist ein Thema, mit dem jeder Mensch mehr oder minder konfrontiert wird. Sei es aus eigener Erfahrung oder durch die Auseinandersetzung mit dem Leid anderer. Besonders einem an Gott glaubenden oder Gott nahestehenden Menschen stellt sich die drängende Frage nach der Beziehung Gottes zum Leid.

Hierbei sieht sich der Fragende höchstwahrscheinlich auf ein scheinbar undurchdringbares Geheimnis verwiesen, weil sich diese Frage eben nicht so einfach, schnell und ohne Weiteres beantworten lässt.

Doch mithilfe der Heiligen Schrift sowie durch logische Aussagen und Schlussfolgerungen lassen sich Indizien bzw. Merkmale und Hinweise finden, die das geheimnisvolle Dunkel des Leids zumindest etwas erhellen können. Wenn hier sogar resultierend aus Logik sowie religiöser Weisheit und Erkenntnis bestimmte Lösungsansätze geboten werden, dann besteht die Möglichkeit, dass das Leid dem Grunde nach zwar nicht minder leidvoll ist, es aber aus einem anderen Blickwinkel gesehen wird, der vor Verzweiflung, Resignation oder sogar dem Glaubensverlust bewahren kann.

Je stärker dabei der Glaube und das Gottvertrauen sind, umso einfacher – in der Relation gesehen – lässt sich das Leid bewältigen.

In einzigartiger Weise kann hier der christliche Glaube behilflich sein. Denn die Nähe Gottes zum Leid durch seinen am Kreuz leidenden Sohn Jesus Christus gibt es in keiner anderen Religion und ist unüberbietbar!

In den vielen Jahren, in denen ich mich mit dem Verhältnis Gottes zum Leid auseinandergesetzt habe, bin ich oftmals durch die Hölle gegangen. Denn so viele böse und leidvolle Erfahrungen, die mir persönlich und in der Reflexion begegnet sind, haben mich oft mit Gott hadern lassen. Doch aufgrund meines christlichen Glaubens, meiner katholischen Prägung und der daraus resultierenden Kenntnisse sowie meiner theologischen Ausbildung war mir bewusst, dass es bezugnehmend auf die Frage nach dem Leid durchaus annehmbare Lösungsansätze gibt.
Daraus ist das vorliegende Schriftwerk entstanden, das auf gewissenhafter, theologisch fundierter und für jeden logisch nachvollziehbarer Arbeit beruht.

Willebadessen, am Fest des heiligen Benedikt von Nursia 11. Juli A.D.2014

Diakon Dirk Gellert

# 1.0 Das vielfältige Leid in der Welt

In unserer Welt gibt es zahlreiches und vielfältiges Leid bzw. Begebenheiten, aus denen Leid resultiert. Zu diesen Leidformen und leidverursachenden Begebenheiten und Geschehnissen gehören z. B.:

Naturkatastrophen wie Stürme, Erdbeben, Überschwemmungen und Vulkanausbrüche oder Unfälle, Krankheiten, Morde, Misshandlungen, Kriege sowie Frechheit, Boshaftigkeit, Rücksichtslosigkeit, Einsamkeit, Unrecht, Verleumdung, Diebstahl, Terror, Schmerz, Armut, Arbeitslosigkeit, Tierquälerei, Umweltverschmutzung und ganz besonders der Tod. Aber auch Mitleid, also das Leiden mit anderen, ist eine Form von Leid.

Alle diese leidvollen Begebenheiten ziehen unter Umständen weiteres Leid nach sich oder es breitet sich noch weiter aus.

In einem Krieg beispielsweise werden nicht nur Menschen verletzt und getötet, sondern es bleiben auch trauernde Angehörige zurück. Weitere Folgen des Krieges können Epidemien und Hungersnöte, allgemeine Armut und Obdachlosigkeit sein, wovon dann große Personenkreise betroffen sind.

Leid ist aber auch in ganz unterschiedlichen Abstufungen bzw. in verschiedener Intensität erfahrbar. Eine schwere Herzerkrankung ist da vergleichsweise sicher schwer wiegender als ein einfacher Schnupfen usw. Und ebenso unterschiedlich geht jedes Individuum mit leidvollen Erfahrungen um bzw. erträgt diese leichter oder schwerer als andere.

Ein tiefgläubiger Christ steht dem Thema Sterben und Tod relativ gelassener und furchtloser gegenüber als ein überzeugter Atheist, der nicht an Gott glaubt und folglich auch keine Hilfe und Rettung bzw. Überwindung des Todes durch ihn erwartet.

Und so unterschiedlich wie die Menschen veranlagt sind, so unterschiedlich ist das Schmerzempfinden. Manche Menschen sind eben schmerzempfindlicher als andere, leiden also auch mehr als andere.

Wie vielfältig und unterschiedlich das Leid auch sein mag, eines ist sicher:

Wenn der Mensch den festen Willen dazu hätte, könnte er einen Großteil der leidvollen Erfahrungen durchaus vermeiden, weil er selbst der Verursacher ist.

## 1.1 Das selbst verursachte Leid

Zahlreiches Leid fügt der Mensch sich selbst bzw. seinen Mitmenschen und Mitgeschöpfen, den Tieren, zu. Dieses Leid entspringt u. a. dem Egoismus, der Faulheit, Rücksichtslosigkeit, Bequemlichkeit, Gottlosigkeit sowie der Intoleranz und ganz oft der Dummheit und Gedankenlosigkeit.

In allen Lebensbereichen sind viele Unfälle vom Menschen selbst verschuldet, u. a. durch Leichtsinnigkeit, Unachtsamkeit und allgemein unvorsichtiges Verhalten.

Durch die Verschmutzung der Umwelt und eine ungesunde Lebensweise trägt der Mensch selbst Schuld an vielen Krankheiten und an der Beeinträchtigung der Lebensqualität.

Unzählige Tiere werden vom Menschen gequält, misshandelt oder getötet, weil sie nur als Ware oder minderwertige Lebewesen gesehen und nicht als Mitgeschöpfe mit einer Würde und einem Lebensrecht anerkannt werden. In der Folge leiden sensible Menschen mit den Tieren mit und außerdem sind Krankheiten beim Menschen wie beim Tier sowie Seuchen und eine schlechte Qualität der Tierprodukte das Ergebnis dieses schändlichen Umgangs mit den Tieren.

Oft will der Mensch aber auch Böses sagen oder tun, aus welchen Gründen auch immer. Er will Böses mit Bösem vergelten. Er will einem anderen Schaden zufügen, ihn verletzen oder gar töten. Er wählt freiwillig die Sünde, d. h. die Abkehr von Gottes Willen und seinen Geboten und damit die Abkehr vom Guten.

Viel Leid verursacht der Mensch also selbst. Er könnte es durchaus vermeiden oder zumindest lindern, aber er kann sich dazu oft nicht entscheiden und durchringen.

Demgegenüber steht das unabwendbare Leid, das vom Menschen wenig oder gar nicht beeinflussbar ist.

## 1.2 Das unabwendbare Leid

Das unabwendbare Leid lässt sich, wenn überhaupt, nur in seinen Folgen lindern oder es können evtl. vorbeugende Maßnahmen ergriffen werden, die das Leid begrenzen wie beispielsweise eine gesundheitsbewusste Lebensweise. Diese kann zwar Krankheiten verhindern oder lindern und evtl. das Leben verlängern, aber gänzlich vor Krankheiten bewahren kann sie ebenso wenig wie letztlich den unausweichlichen Tod verhindern.

Zu den nahezu unabwendbaren und unabänderlichen leidvollen Begebenheiten, denen sich der Mensch ausgesetzt sieht, gehören zum Beispiel erbbedingte Krankheiten, angeborene Behinderungen, Naturkatastrophen, Unfälle durch eine Verkettung unglücklicher Umstände und letztlich der unausweichliche Tod – der eigene Tod wie auch der Tod eines geliebten Menschen oder auch Tieres.

Ebenso ist auch das in der Natur vorherrschende, leidbestimmende Gesetz des „Fressens und Gefressenwerdens" ein fester, unabänderlicher Bestandteil des Lebens auf der Erde.

Leider ist das Leid, welche Ursache es auch immer haben mag, noch steigerungsfähig, wenn zum Leid an sich auch noch das Unrecht hinzukommt.

## 2.0 Doppeltes Leid

Als ob es nicht schon genug wäre, Leid ertragen zu müssen, so wird es als großes Unrecht und damit als zusätzliches bzw. doppeltes Leid empfunden, dass manche Menschen mehr bzw. viel mehr leiden als andere.

Beispielsweise ist jemand gesundheitlich schwer angeschlagen und bekommt noch weitere Krankheiten dazu und darüber hinaus stirbt ihm noch eine nahestehende Person.

Oder jemand verliert innerhalb kürzester Zeit mehrere Angehörige.

Das Leid scheint also nicht gerecht verteilt zu sein. Erst recht nicht, wenn es einen liebevollen, rechtschaffenen Menschen trifft, der dies im Vergleich zu einem bösen Menschen nicht „verdient" hat.

Im Alten Testament ist es vor allem der fromme, untadelige und rechtschaffene Ijob (Hiob), der seinen Besitz, seine Kinder und seine Gesundheit verliert und damit zum Sinnbild des unschuldig Leidenden schlechthin wird (vgl. Ijob Kapitel 1 und 2).

Das Leid verdoppelt sich also, weil zum eigentlichen Leid auch noch eine gewisse Ungerechtigkeit hinzukommt.

Der heilige Augustinus hat diesen ungerechten Zustand ganz zutreffend in seinem Werk „De civitate Dei" (lat. „Vom Gottesstaat") beschrieben:

„Es ist uns nämlich unbekannt, auf welchem Gottesgericht es beruht, wenn dieser Gute arm, jener Böse reich ist; wenn der eine, der nach unserer Meinung ob seiner Sittenverderbnis zehrender Trübsal überliefert sein sollte, in Freuden lebt, ein anderer, dem sein lobenswerter Wandel Freude verbürgen sollte, ein bekümmertes Dasein führt; wenn der Schuldlose vor Gericht nicht bloß keine Genugtuung erlangt, sondern auch noch Verurteilung davonträgt, ein Opfer richterlicher Ungerechtigkeit oder falscher Zeugenaussagen, und umgekehrt sein schuldbeladener Widerpart nicht nur ungestraft, sondern auch noch gerechtfertigt voll Hohn frohlockt; wenn der Gottlose sich strotzender Gesundheit erfreut und der Fromme in Krankheit und Schwäche dahinsiecht; wenn Erwachsene bei bester Gesundheit dem Räuberhandwerk nachgehen und Kinder, die niemand auch nur mit einem Wort etwas zu Leide tun konnten, von verschiedenen schrecklichen Krankheiten heimgesucht werden; wenn Leute, die der menschlichen Gesellschaft von Nutzen wären, durch frühzeitigen Tod dahingerafft werden, und solche, die, möchte man glauben, besser gar nicht geboren wären, auch noch recht lange leben;

wenn ein mit schwerer Schuld beladener Mensch zu hohen Ehren gelangt und der Mann ohne Tadel im Dunkel der Unbekanntheit verschwindet, und andere Fälle derart, wie es unzählige gibt."[1]

Und auch schon in der Bibel heißt es u. a.: „Wahrhaftig, so sind die Frevler: Immer im Glück, häufen sie Reichtum auf Reichtum." (Ps 73,12)

Die Tatsache des ungerechten und doppelten Leids wiegt allerdings umso schwerer, wenn Gott nicht einmal diejenigen vor Leid oder zumindest vor schwerem Leid bewahrt, die ein wirklich gottgefälliges und heiligmäßiges Leben führen.

---

[1] Augustinus (354-430), Des heiligen Kirchenvaters Aurelius Augustinus zweiundzwanzig Bücher über den Gottesstaat. Aus dem Lateinischen übersetzt von Alfred Schröder (Des heiligen Kirchenvaters Aurelius Augustinus ausgewählte Schriften 1-3, Bibliothek der Kirchenväter, 1. Reihe, Band 01, 16 ,28) Kempten; München 1911-16, 20. Buch 2. Kapitel.

## 2.1 Das Leid der Heiligen

Auch die Heiligen sind vom Leid nicht verschont geblieben, obwohl sie ein heiligmäßiges und gottgefälliges Leben führten, wofür sie von der katholischen Kirche heiliggesprochen wurden. Zu diesem Kreis der Heiligen gehören aber auch viele unbekannte Menschen, die im Stande der Heiligkeit lebten und wirkten und ein von Liebe und Güte geprägtes Leben führten. Aufgrund ihrer Unbekanntheit aber wurden diese Personen nicht heiliggesprochen, obwohl sie als Heilige gelten können. Aber auch ihnen ist nichts an Leid und Elend erspart geblieben.

Auch heute und jederzeit ist es möglich, dass uns im täglichen Leben heilige Menschen begegnen, ohne dass wir oder die betreffenden Personen selbst von ihrer Heiligkeit wissen. Wobei auch solchen unbekannten Heiligen – ebenso wie jedem anderen Menschen auch – im Leben neben Gutem auch Schlechtes widerfährt. Heiligkeit bewahrt also nicht vor dem Leid.

Allen voran hat die Gottesmutter Maria unvergleichliches Leid erfahren, als sie mit ansehen musste, wie ihr geliebter Sohn Jesus Christus verspottet und gegeißelt wurde und wie er sich auf dem Weg zur Kreuzigungsstätte quälen musste.

Jeder Nagel, der in die Handwurzeln und Füße Jesu getrieben wurde, hat auch Maria mitten ins Herz getroffen. Und zuletzt musste sie dann noch miterleben, wie ihr Sohn elendig am Kreuz starb.

**Es gibt kein größeres Leid als das, was der Gottesmutter hier widerfahren ist und von Gott zugemutet wurde.**

Aber auch die zahlreichen Heiligen, die Mühsal und Leid für die Sache Gottes auf sich genommen haben, ebenso wie die Märtyrer, die für ihren Glauben und ihre Überzeugung und Treue zu Gott zum Teil gequält und grausam hingerichtet und getötet wurden, sind Zeugen dafür, dass das Leid niemanden verschont, selbst wenn jemand noch so gut und gottesfürchtig bzw. Gott zugewandt ist.

## 2.2 Niemand wird verschont

Kein Mensch, ob gut oder böse, wird vom Leid verschont. Dementsprechend heißt es auch bei Augustinus, dass nicht nur den Guten Schlechtes widerfährt, sondern häufig auch den Schlimmen[2]. Niemand ist also sicher vor leidvollen Erfahrungen, was zu allen Zeiten, also in Vergangenheit, Gegenwart und Zukunft, seine Gültigkeit hat. Denn das Leid macht keine Unterschiede im Ansehen der Person. Doch oftmals scheint es so, dass gerade die lieben Menschen besonders viel leiden müssen. Kein Bitten und kein Flehen oder gar inniges Beten scheint daran etwas zu ändern.

Alle Geschöpfe müssen mehr oder minder leiden, vom Heiligen bis zum Schwerverbrecher, vom Säugling bis zum Greis, Menschen und Tiere.

In Anbetracht dieser Tatsache und mit Blick auf die großen Katastrophen der Menschheitsgeschichte wie zum Beispiel die beiden Weltkriege und den unentschuldbaren Völkermord an den Juden im so genannten Dritten Reich stellt sich

---

[2] Vgl. Augustinus (354-430), Des heiligen Kirchenvaters Aurelius Augustinus zweiundzwanzig Bücher über den Gottesstaat. Aus dem Lateinischen übersetzt von Alfred Schröder (Des heiligen Kirchenvaters Aurelius Augustinus ausgewählte Schriften 1-3, Bibliothek der Kirchenväter, 1. Reihe, Band 01, 16 ,28) Kempten; München 1911-16, 20. Buch 2. Kapitel.

der Mensch zu allen Zeiten, in Vergangenheit, Gegenwart und Zukunft, immer wieder die Frage, warum Gott das alles zulässt.

## 3.0 Warum lässt Gott das Leid zu?

Wenn Gott gütig ist, was er u. a. mit der Menschwerdung seines Sohnes, den er aus Liebe zu uns Menschen sandte, bewiesen hat, und wenn Gott allmächtig ist, was er u. a. mit seiner Schöpfung bewiesen hat, dann stellt sich die Frage, warum er dann das ganze Leid in der Welt zulässt und duldet.

Eingedenk dessen, dass die Liebe Gottes das Böse nicht anrechnet (vgl. 1Kor 13,5), kann das Leid keine Strafe für die Sünde sein. Das bestätigt Jesus auch damit, dass er denen, welchen ein Unglück widerfahren ist, keine größere Sünd- oder Schuldhaftigkeit beimisst als allen anderen (vgl. Lk 13,1-4).

Auch wenn das Leid oft vom Menschen selbst verschuldet ist, müsste Gott, der die Liebe ist (vgl. 1Joh 4,16b), doch etwas dagegen unternehmen.

Warum lässt also der allmächtige, gütige und liebende Gott das Leid zu?

Warum hat er diese Welt nicht ohne Leid oder zumindest so geschaffen, dass es weniger Leid gibt?

Warum sind Glück und Leid nicht gerechter verteilt?

Warum greift Gott nicht ein?

Gottes Allmacht, Güte und Liebe stehen außer Frage, denn diese Eigenschaften entsprechen seinem Wesen und sind Bestandteile seines göttlichen Seins.

Mit dieser Prämisse arbeitet auch die so genannte Theodizee, ein Begriff, der von Gottfried Wilhelm Leibniz (1646-1716) geprägt wurde und der die Frage behandelt, warum Gott das Leid zulässt und die Rechtfertigung Gottes vor dem Leid thematisiert.

## 3.1 Die Theodizee

Das Problem der Theodizee bzw. das so genannte Theodizeeproblem besteht also in der Frage, warum Gott das Leid zulässt, wenn er doch zweifelsfrei allmächtig und gütig ist?

Die Antworten, die gerade der deutsche Philosoph und Universalgelehrte Gottfried Wilhelm Leibniz (1646-1716) hierzu findet, nämlich dass diese Welt die beste aller möglichen Welten ist und hieraus resultierend diese Welt aufgrund des Handelns Gottes nach der höchsten Vernunft so ist, wie sie ist[3], sind bei genauer Betrachtung und im Kontext der christlichen Heilsgeschichte durchaus schlüssig und verständlich.

Doch allgemein herrscht beim Umgang mit diesem Thema eine gewisse Rat- und Hilflosigkeit. Wobei es einerseits genauso falsch wäre, vorschnelle, nicht durchdachte oder abenteuerliche Thesen anzunehmen, wie andererseits in Mutlosigkeit und Resignation zu versinken.

---

[3] Vgl. Biser, Hahn, Langer: Lexikon des christlichen Glaubens, Pattloch Verlag GmbH & Co. KG, München 2003, S.553, 554.

Vgl. Wilfried Ehlen: Epochen Dichter Werke, Verlag H. Stam GmbH, Köln-Porz 1976, S. 94, 95.

Denn wie ein Mensch mit seinem eigenen und dem Leid anderer umgeht, hängt maßgeblich davon ab, wie er das Theodizeeproblem behandelt, das gerade im Hinblick auf den Glauben an den allmächtigen und gütigen Gott eine existenzielle Bedeutung hat.

## 3.2 Ein existenzieller Konflikt

Ein an den allmächtigen und gütigen Gott glaubender Mensch kann im Hinblick auf das Leid in der Welt in einen schweren Konflikt geraten, wenn er Gott und das Leid nicht in irgendeiner Weise miteinander vereinbaren und erklären kann. Dieses Ringen um Erkenntnis berührt seine ganze Existenz und kann darüber seinen Glauben tief erschüttern.

So führt ein Mensch, der mit dem Theodizeeproblem leben kann und auch am Glauben festhält, ein ganz anderes Leben als jemand, der aufgrund dieser Theodizeeproblematik seinen Glauben verloren hat. Denn der Glaube schenkt Hoffnung und kann den Eindruck des von Gott Getragenwerdens vermitteln. Diese im Glauben innewohnende Geborgenheit und Nähe Gottes kann über alles Weltliche hinaustragen, ohne dabei weltfremd zu werden. Womit dem Leid und selbst dem unausweichlichen Tod der Stachel gezogen werden kann. „Tod, wo ist dein Sieg? Tod, wo ist dein Stachel?" (1Kor 15,55)

Dennoch bleibt das Leid der härteste Einwand gegen den Gottes- und Schöpfungsglauben[4] und

---

[4] Vgl. Gisbert Greshake: Der Preis der Liebe, Verlag Herder, Freiburg im Breisgau 1978, S. 22.

kann den Glauben erschüttern[5].

Doch selbst wenn ein Mensch aufgrund des zahlreichen Übels in der Welt Glaubenszweifel bzw. Zweifel an der Existenz Gottes hegt, kann er diese Zweifel durchaus entkräften.

---

[5] Vgl. Katechismus der katholischen Kirche, R. Oldenbourg Verlag, München 1993, S. 78.

## 4.0 Kein Grund zu zweifeln

Zunächst kann einen Menschen das vielfältige Leid auf Erden durchaus an der Nähe oder sogar Existenz Gottes zweifeln lassen. Aber bei genauerer Betrachtung und logischem Vergleichen werden die Gründe des Zweifels relativiert und gegenstandslos.

Die Existenz Gottes infrage zu stellen, nur weil es das Leid gibt, ist infolge schwerer Leiderfahrungen durchaus verständlich, jedoch in letzter Konsequenz zu voreilig und zu unbedacht.

Denn nur weil nachts die Sonne nicht scheint, leugnet man doch nicht ihre Existenz. Nur weil ein Auto mit Mängeln behaftet ist oder jemand damit verunglückt, leugnet man doch nicht die Existenz seines Konstrukteurs oder Erbauers. Nur weil ein Haus Baumängel aufweist oder bei einem Erdbeben stark beschädigt oder zerstört wird, leugnet man doch nicht die Existenz des Architekten oder des Erbauers. Nur weil ein technisches Gerät eingeschränkt oder gar nicht funktioniert, zweifelt man doch nicht an der Existenz des Herstellers. Nur weil ein Mensch böse ist und sich zum Verbrecher entwickelt hat, zweifelt man doch nicht an der Existenz seiner Eltern. Nur weil man ein Ereignis nicht versteht, nicht nachvollziehen kann oder nicht selbst gesehen hat, heißt das doch auch nicht, dass dieses sich nicht zugetragen hat.

Diese und weitere Beispiele können verdeutlichen, dass wegen verschiedener negativer Begebenheiten oder Eigenschaften nicht die Existenz ihrer originären Ursache infrage gestellt werden darf.

Ebenso braucht die Existenz Gottes als Schöpfer der Welt nicht in Frage gestellt werden weil die Welt voller Übel ist.

Aber die Welt kennt nicht nur Leid, sondern sie hat auch viele schöne, lebens- und liebenswerte Seiten. So ist erkennbar, dass es nicht nur Schlechtes, sondern auch Gutes in dieser Welt gibt, dass jede Medaille zwei Seiten hat und somit alles von zwei Seiten betrachtet werden kann.

## 4.1 Alles hat zwei Seiten

Bei Johann Wolfgang von Goethe (1749-1832) lautet in seinem „Götz von Berlichingen" ein geläufiges deutsches Sprichwort sinngemäß: Wo viel Licht ist, ist auch viel Schatten.[6] Hierin ist, wie in den Begebenheiten dieser Welt erkennbar, dass alles zwei Seiten hat und alles mehr oder minder Vor- und Nachteile enthält:

*– Wer beispielsweise die Vorteile eines Autos nutzt, als relativ unabhängige, schnelle und komfortable Transportmöglichkeit, kann aber auch durchaus wegen eines technischen Defektes liegen bleiben. Schlimmer noch ist jedoch, dass er mit dem Auto verunglücken bzw. selbst einen Unfall verursachen und als Folge sich selbst oder andere verletzen oder töten kann.*

*– Feuer lässt sich vorteilhaft nutzen, weil es zum Beispiel zum Wärmen bzw. Heizen oder Kochen und Braten dienen kann. Nachteilig kann das Feuer aber auch zerstörerisch wirken, weil Menschen und Tiere sich daran verbrennen, dadurch ihre Lebensgrundlage verlieren oder sogar ums Leben kommen können z. B. durch einen Wald- oder Gebäudebrand.*

---

[6] Vgl. Johann Wolfgang von Goethe: „Wo viel Licht ist, ist auch starker Schatten",
http://www.aphorismen.de/zitat/837 (11.07.2014).

– *Wasser hat einerseits die Vorteile, dass es zum Trinken, Waschen, Schwimmen, Kochen usw. dient. Andererseits hat es den Nachteil, dass Menschen und Tiere z. B. durch Hochwasser ihre Lebensgrundlage verlieren oder darin ertrinken können.*

Diese und weitere Vergleichsmöglichkeiten zeigen, dass den gewünschten und erreichbaren Vorteilen mitunter gravierende Nachteile gegenüberstehen. Doch der Mensch nimmt diese Nachteile zu Gunsten der Vorteile in Kauf. Er stellt allenfalls die Frage nach der Verhältnismäßigkeit des erreichbaren Vorteils gegenüber dem damit verbundenen Nachteil. Je höher dabei die Wertigkeit des Nutzens bzw. der Vorteilhaftigkeit ist, desto geringer wird die Bedeutung der Nachteiligkeit, auch wenn diese für sich betrachtet als unerträglich empfunden wird.

Ebenso verhält es sich mit Gottes Schöpfung und ihren nachteiligen bzw. leidvollen Seiten. Gerade vor dem hier beschriebenen Hintergrund, dass mit dem Positiven auch Negatives einhergeht, ist das Leid in der Welt ein durchaus erklärbarer Zustand. Somit bleiben auch der Glaube an Gott und besonders auch der Glaube an den allmächtigen und gütigen Gott begründbar.

## 4.2 Der Glaube bleibt begründbar

Angesichts des Leids in der Welt gibt es für einen an Gott glaubenden bzw. auf Gott hoffenden und Gott suchenden Menschen entweder die Möglichkeit nach dem Vorbild Ijobs (Hiobs) aus dem Alten Testament im Glauben ausharrend das Leid hinzunehmen und dabei auf Gottes geheimen Plan und seine Unergründlichkeit zu verweisen (vgl. Ijob 42,3). Oder aber er wendet sich möglichen Argumenten zu, die Gottes Allmacht und Güte mit dem Leid vereinen oder erklären können.

So kann Leid u. a. als negative Begleiterscheinung des Lebens gesehen werden wie beispielsweise bei einem Medikament die möglichen und tatsächlichen Nebenwirkungen. Unter Umständen ist so das eine ohne das andere nicht zu haben. Wie also die positive Wirkung des Medikamentes mit den negativen Nebenwirkungen einhergeht, so ist das irdische Leben mit dem Leid verbunden. Nach diesem Beispiel ist also das negative Leid als „Nebenwirkung" des positiven Lebens anzusehen.

Darüber hinaus lässt sich aber auch fragen, ob Leid einen gewissen Sinn haben kann?

# 5.0 Kann Leid einen Sinn haben?

Die Frage: „Kann Leid einen Sinn haben?" kann in manchen Fällen durchaus mit einem „Ja" beantwortet werden. Denn vor allem dann, wenn aus dem Leid etwas Gutes erwächst bzw. sich etwas Positives entwickelt, dann hat das Leid einen gewissen „Sinn". Manchmal erschließt sich dieser Sinn auch erst später, wenn die aus dem Leid resultierenden positiven Folgen erkennbar sind.

An sich wird das Leid durch diese relative Sinnhaftigkeit nicht weniger leidvoll, zumindest aber lässt sich dem Übel etwas Positives abgewinnen.

Zum Beispiel kann Leid in Form von Schmerz dahingehend sinnvoll sein, dass er ein Warnsignal ist. Schmerz weist darauf hin, dass etwas nicht in Ordnung ist und dementsprechend gehandelt werden muss. Als Hinweis auf eine Verletzung oder Erkrankung wird durch die Schmerzen eine Reaktion hervorgerufen die vor weitergehenden, schlimmeren Verletzungen oder Krankheiten schützt. Denn indem der Kranke oder Verletzte durch den Schmerz gewarnt ist, nimmt er normalerweise automatisch eine Schonhaltung ein bzw. ist darum bemüht, dass sich die Verletzung oder die Krankheit nicht noch verschlimmert. So gesehen sind der Schmerz und damit das Leid „sinnvoll", wenn sich dadurch der Gesundheitszustand nicht verschlechtert bzw. wenn der Genesungsprozess gefördert wird.

Wahrscheinlich ist auch die Schmerzintensität, also die Stärke der Schmerzen in der jeweiligen Form, notwendig, um die entsprechend erforderliche Reaktion zu erzielen. Sonst könnte Gott doch vorgeworfen werden, dass er die Empfindlichkeit für Schmerzen doch so hätte bestimmen können, dass es nur sehr wenig oder gar keinen Schmerz gäbe. Die Folge hiervon wäre aber höchstwahrscheinlich zumindest eine Verstümmelung aller Lebewesen, die aufgrund ihres geringen oder nicht vorhandenen Schmerzempfindens, Verletzungen oder Krankheiten erst spät oder gar nicht bemerken und ernst nehmen würden.

Somit bewirkt also das Leid in Form von Schmerzen eine gewisse Aufmerksamkeit gegenüber dem eigenen Wohlergehen.

Des Weiteren kann eine leidvolle Begebenheit einen Menschen aber auch im positiven Sinne zu einer Umkehr im Denken und im Handeln bewegen.

## 5.1 Impuls zur Umkehr

Durch selbst erfahrenes Leid oder durch Mitleid bzw. das Bewusstwerden über das Leid anderer kann ein Impuls zur Umkehr, eine Gesinnungs-, Meinungs- und Verhaltensänderung hervorgerufen werden. Denn das Leid führt mitunter die negativen Folgen eines Fehlverhaltens vor Augen und schärft möglicherweise den Blick auf das Wesentliche.

Wer vorher unbedacht, rücksichtslos und boshaft war, kann sich, sofern ihm dieses durch das erkannte Leid bewusst wird, in seinem Verhalten so verändern, dass er sein negatives Handeln unterlässt und sich vielleicht sogar in herausragendem Maße für das Gute einsetzt.

Leid hat somit auch einen erzieherischen und läuternden Charakter, wie dies schon im Alten Testament erwähnt wird, wobei Begriffe wie Prüfung und Züchtigung durch Gott in diesem Zusammenhang zu verstehen sind und zur Einsicht führen sollen (vgl. z. B. Jdt 8,25-27).

Der relative Sinn des Leidens kann hier in der Umkehr und Besserung erkannt werden. Aber auch selbst da, wo das Leid absolut zerstörerisch wirkt, ist ein kleiner Funke Sinnhaftigkeit erkennbar, wenn daraus etwas positiv Neues hervorgeht.

## 5.2 Neues entsteht

Selbst die leidvollsten Begebenheiten bergen einen Keim der Hoffnung und des Guten in sich, sodass etwas positiv Neues daraus entstehen kann. Beispielsweise haben viele Katastrophen wie u. a. der 2. Weltkrieg zu einer Flucht großer Menschenmassen geführt, wobei die so genannten Flüchtlinge dann eine neue Heimat gefunden und dort teilweise mit den Einheimischen eine Familie gegründet haben. So würden die aus diesen Verbindungen hervorgegangenen Nachkommen gar nicht leben, wenn es die durch Leid, Not und Elend verursachte Flucht nicht gegeben hätte.

Makaber und eigentlich paradox bzw. widersinnig, aber dennoch folgerichtig formuliert könnte man sagen, dass beispielsweise ohne den 2. Weltkrieg viele Menschen heute nicht existieren würden.

Doch mindert oder rechtfertigt dieses keineswegs die Leiden des 2. Weltkrieges oder anderer Katastrophen, sondern es zeigt vielmehr, dass Not und Elend nicht das letzte Wort haben und sich das von Gott vorgesehene Gute letztlich doch immer wieder durchsetzt.

In diesem Sinne nimmt Gott auch Anteil am Leid durch das Kreuz Christi.

# 6.0 Das Kreuz Christi

Das Kreuz Christi ist wohl das bedeutendste Argument, das dem Leid gegenübersteht. Denn Gott selbst hat in und mit Jesus Christus gelitten, der den schmachvollen und grausamen Todeskampf und Tod am Kreuz auf sich genommen hat. Das Kreuz ist somit die größte Waffe gegen das Theodizeeproblem.

Bezugnehmend auf das Leid ist das Kreuz Christi Antwort und Frage zugleich:

Als indirekte Antwort auf die Frage: „Warum lässt Gott das zu?" kann das Kreuz uns sagen: „Seht her, hier am Kreuz hat Gott in Jesus Christus selbst großes Leid erfahren." Und die Frage hierauf kann dann lauten: „Warum hat Gott in und durch Jesus Christus das Leiden am Kreuz auf sich genommen?"

Eine Antwort wiederum kann hier in der grenzenlosen Liebe Gottes zu uns Menschen und seiner Solidarität zu allen Leidenden gefunden werden.

## 6.1 Die Solidarität Gottes mit den Leidenden

Aus Liebe und Solidarität zu allen Leidenden hat Gott in Jesus Christus den Kreuzestod auf sich genommen. Zur Vergebung der Sünden hat er sich dem Leiden unterworfen und sich selbst als Opfer dargebracht – als Zeichen für seinen umfassenden Heilswillen. Dadurch sind alle anderen Sündenopfer unnötig geworden wie die Tieropfer und z. B. der so genannte Sündenbock, ein Ziegenbock, dem man symbolisch alle Schuld auflud und ihn dann in die Wüste trieb, womit auch die Sünden vertrieben wurden[7].

Der stellvertretende Opfertod Christi zur Vergebung der Sünden ist zum Beispiel heute anschaulicher vergleichbar mit der selbst- und grenzenlosen Aufopferung eines Menschen für einen anderen Menschen, mit der Aufopferung von Vater und Mutter, die zum Wohle ihres Kindes alles, auch stellvertretend die Schuld, auf sich nehmen würden. Der Unterschied allerdings hierbei ist, dass das Opfer Christi, weil es gleichermaßen ein menschliches und göttliches

---

[7] Vgl. Biser, Hahn, Langer: Lexikon des christlichen Glaubens, Pattloch Verlag GmbH & Co. KG, München 2003, S.502.
Vgl. auch Lev 16,20-22.

Opfer ist, allumfassend und für alle Zeiten gedacht und gültig ist.

Weil Gott selbst Leidender und Mitleidender in Christus war, ist diese unüberbietbare Solidarität Gottes mit seinen leidenden Geschöpfen auch wohl ein Hinweis darauf, dass das Leid unvermeidlich zum Leben gehört.

## 6.2 Hinweis auf das Unvermeidliche

Dass Gott das Kreuz auf sich genommen hat, kann durchaus mitunter ein Hinweis darauf sein, dass das Leid ein unvermeidlicher Bestandteil unseres Lebens ist. Denn gerade weil er sich einem so grausamen und äußerst leidvollen Todeskampf und letztlich auch dem Tod am Kreuz hingegeben hat, ist mit hoher Wahrscheinlichkeit davon auszugehen, dass es keinen anderen bzw. besseren Weg gab.

Als Schöpfer der Welt hat Gott diese Welt so geschaffen, wie sie ist, weil diese höchstwahrscheinlich wohl die beste Variante aller Welten ist, die er hätte erschaffen können.

## 7.0 Die beste aller Welten

Wie Gottfried Wilhelm Leibniz (1646-1716) schon feststellte, scheint es tatsächlich so zu sein, dass diese Welt die beste aller möglichen Welten ist, sonst hätte Gott diese erst gar nicht erschaffen[8].

Denn die Welt ist so, wie sie ist, damit sie ihren von Gott vorherbestimmten Sinn erfüllt. Das Leid ist hierbei als eine negative Begleiterscheinung zu sehen, die aber zwangsläufig dazugehört, um das von Gott bestimmte Ziel zu erreichen.

Daraus ergeben sich jetzt folgende Fragen:

Welches Ziel streben die Welt und ihr Schöpfer an bzw. was ist der Sinn dieser Welt? Und hierbei führt diese Fragestellung zur Kardinalfrage, die da lautet:

Was ist der Sinn des Lebens?

---

[8] Vgl.Wilfried Ehlen: Epochen Dichter Werke, Verlag H. Stam GmbH, Köln-Porz 1976, S. 94,95.
  Vgl. auch Gisbert Greshake: Der Preis der Liebe, Verlag Herder, Freiburg im Breisgau 1978, S. 15.

## 7.1 Der Sinn des Lebens

Der Sinn des Lebens ist leben, existieren bzw. die Existenz an sich oder wie der deutsche Dichter Johann Wolfgang von Goethe (1749-1832) es formulierte: „Der Sinn des Lebens ist das Leben selbst."[9]

Aufgrund der zahlreichen (leidgeprägten), vielfältigen und unterschiedlichen Lebensformen und Lebensarten ist anzunehmen, dass es zunächst und primär um die Existenz an sich und augenscheinlich nicht um die Qualität dieser Existenz geht.

Somit ist das Leben der Sinn dieser Welt und das ihr vom Schöpfer zugedachte Ziel.

Dabei ist bei allen Vorgaben und Gesetzmäßigkeiten die wir in der Welt vorfinden noch genug Raum für eine gewisse Freiheit, die auch charakteristisch und Grundvoraussetzung ist für die weltliche Struktur und die Entfaltung der Individualität.

---

[9]Johann Wolfgang von Goethe: „Der Sinn des Lebens ist das Leben selbst", http://www.aphorismen.de/zitat/90219 (11.07.2014).

## 7.2 Die Freiheit des Individuums

Obwohl die Freiheit eines Individuums zum Beispiel durch Naturgesetze, Erbanlagen, Lebensumfeld und Lebensumstände begrenzt wird, bleibt in vielen Bereichen dennoch genug Spielraum für eine freie Entfaltungs- und Entscheidungsmöglichkeit.

Diese Freiheit ist Voraussetzung dafür, dass wirkliche Liebe, Eigenständigkeit und Individualität überhaupt erst möglich sind. Die Freiheit ist somit das höchste Gut, dessen Wert leider oft erst dann erkannt wird, wenn diese eingeschränkt wird, z. B. durch Krankheit, Gefangenschaft oder totalitäre Staaten.

Der Nachteil, der zwangsläufig mit der freiheitlichen Grundordnung einhergeht, ist das Leid. Gisbert Greshake formulierte diesen Umstand so, dass das Leid der Preis der Freiheit und der Liebe ist[10]. Dementsprechend folgerichtig ist ohne Freiheit keine wirkliche Liebe möglich, wodurch der Wille des Schöpfers erkennbar wird, denn Gott ist die Liebe.

---

[10] Vgl. Gisbert Greshake: Der Preis der Liebe, Verlag Herder, Freiburg i. Br. 1978, S. 46.

## 8.0 Gott ist die Liebe

Die Tatsache, dass Gott die Liebe ist (vgl. 1Joh 4,16b), ist u. a. an einigen Merkmalen der Schöpfung Gottes ablesbar. So ist in der Natur, die dem schöpferischen Wirken Gottes entstammt, seine Liebe erkennbar.

Denn alles ist letztlich auf die Liebe und damit zum Guten hin geordnet. So ist z. B. die Schönheit der Natur, die sich ständig erneuert und regeneriert, ein Zeichen der Güte Gottes. Ebenso ist die Wundheilung eine Kraft, die Verletzungen heilt und das gute Prinzip in der Welt erkennen lässt. Je nach Schwere einer Verletzung führt diese nicht zwangsläufig zu Krankheit und Tod, sondern von Gottes Natur ist eigentlich vollständige Heilung vorgesehen bzw. sind alle Voraussetzungen durch die Selbstheilungskräfte gegeben. Und damit das physische Leid nicht ins Unermessliche wachsen kann, ist ihm durch Bewusstlosigkeit und Tod eine Grenze gesetzt. Dahingehend wird auch das psychische Leid durch gewisse Schutzmechanismen begrenzt.

Das gute Prinzip in der Welt bzw. das gottgewollte Gute und die Liebe in der Welt sind auch daran erkennbar, dass überall da, wo Menschen sich von der Liebe Gottes leiten lassen, Frieden, Eintracht und Glück herrschen. Im Umkehrschluss kann alles, was schlecht, böse, destruktiv (zerstörerisch) und einfach negativ ist, nichts dauerhaft Konstruktives, Zufriedenstellendes und Gutes hervorbringen.

Schon im Alten Testament der Bibel haben Menschen in schriftlicher Form dargestellt, dass Gott die Liebe ist und seine Liebe an vielen Merkmalen erkennbar ist.

# 8.1 Die Liebe Gottes im Alten Testament

Der Schöpfungsbericht am Anfang des Alten Testamentes (vgl. Gen Kapitel 1 und 2) verdeutlicht, dass alles von Gott ins Dasein gerufen wurde und letztlich eine Tat der Liebe Gottes ist, denn nur im Sein ist Liebe möglich.

Gott wendet sich den Menschen immer wieder zu, trotz ihrer Arroganz (vgl. Turmbau zu Babel Gen 11,1-9 und Anm.), ihrer Bosheit (vgl. Noah Gen 6,1-9,29) und ihrer Treulosigkeit und Undankbarkeit (vgl. Goldenes Kalb Ex 31,18-34,27) wie nach Rettung Israels aus der ägyptischen Knechtschaft.

Auch dass das verdorbene und boshafte Menschengeschlecht noch nicht ausgelöscht wurde, sondern nach wie vor besteht bzw. dass Gott seinen Bund nicht aufgelöst hat (vgl. Jes 54,10; Dt 7,9) und treu bleibt (vgl. Ps 100,5), ist eine Folge der Liebe Gottes, ebenso wie die Mahnungen von Propheten, die im Auftrag Gottes zum Volk sprachen und zur Umkehr und zum Guten bewegen sollten (vgl. u. a. Jer 4,1-4; Zef 2,1-3; Sach 1,1-6;).

Die Zehn Gebote (Dekalog), die Mose von Gott erhielt (vgl. Ex 20,1-21), sind ebenfalls Resultate der göttlichen Liebe, denn durch die Einhaltung dieser Gebote kann ein gutes Leben gelingen und vielfaches Leid verhindert werden. Jeder Mensch trägt den wesentlichen Inhalt dieser Gebote in seinem Herzen, er weiß im Normalfall, was gut oder böse ist, auch wenn er den Dekalog nicht kennt[11].

Der Prophet Micha bringt diese Hinweise auf den liebevollen Willen Gottes auf die folgende Formel: „Es ist dir gesagt worden, Mensch, was gut ist und was der Herr von dir erwartet: Nichts anderes als dies: Recht tun, Güte und Treue lieben, in Ehrfurcht den Weg gehen mit deinem Gott." (6,8)

Zahlreiche Textstellen im Alten Testament weisen, wenn auch mehr oder minder direkt, aber dennoch deutlich, auf die Liebe Gottes hin wie zum Beispiel: „Weil der Herr euch liebt … deshalb hat der Herr euch mit starker Hand herausgeführt und euch aus dem Sklavenhaus freigekauft, aus der Hand des Pharao, des Königs von Ägypten" (vgl. Dt 7,8); „Du liebst alles, was ist, und verabscheust nichts von allem, was du gemacht hast; denn hättest du etwas gehaßt, so hättest du es nicht geschaffen." (Weish 11,24);

---

[11]Vgl. Johannes Paul II: Was ich Euch sagen will, Verlag Herder, Freiburg im Breisgau 1996, S. 55.

„Kann denn eine Frau ihr Kindlein vergessen, eine Mutter ihren leiblichen Sohn? Und selbst wenn sie ihn vergessen würde: ich vergesse dich nicht." (Jes 49,15); „Wie ein Vater sich seiner Kinder erbarmt, so erbarmt sich der Herr über alle, die ihn fürchten." (Ps 103,13) usw.

Noch deutlicher allerdings als im Alten Testament stellt sich die Liebe Gottes im Neuen Testament dar.

## 8.2 Die Liebe Gottes im Neuen Testament

Die unüberbietbare Liebe Gottes wird im Neuen Testament an zahlreichen Stellen direkt erwähnt: „Gott ist die Liebe, und wer in der Liebe bleibt, bleibt in Gott, und Gott bleibt in ihm" (1Joh 4,16b); „Die Liebe Gottes wurde unter uns dadurch offenbart, daß Gott seinen einzigen Sohn in die Welt gesandt hat, damit wir durch ihn leben." (1Joh 4,9); „Gott aber hat seine Liebe zu uns darin erwiesen, daß Christus für uns gestorben ist, als wir noch Sünder waren." (vgl. Röm 5,8) usw. Aber auch durch Gottes Handeln in Jesus Christus wird diese immense göttliche Liebe unmissverständlich deutlich.

Aus Liebe zu den Menschen ist Gott in Jesus selbst Mensch geworden (vgl. 1Joh 4,9; Joh 1,1-18; Lk 1,26-38) und hat ihnen durch sein Wort, sein Leben und Handeln die frohe Botschaft gebracht. Diese frohe Botschaft beinhaltet, dass Gott jeden Menschen liebt (vgl. Gleichnis vom verlorenen Schaf Lk 15,1-7), ihm seine Verfehlungen und Sünden vergibt (vgl. Gleichnis vom verlorenen Sohn Lk 15,11-32) und ihn auch vom Tod befreit (vgl. Joh 3,16).

Besonders durch den Kreuzestod Jesu Christi hat Gott seine Liebe bewiesen, denn es gibt keine größere Liebe, als das eigene Leben für seine Freunde hinzugeben (vgl. Joh 15,13). Außerdem verdeutlichte er so die Befreiung von der Sünde, weil er sich in Analogie zu den damals üblichen sündentilgenden Tieropfern selbst geopfert hat. Im Unterschied aber zu diesen Tieropfern, die immer wieder erbracht werden mussten, ist das Opfer Christi einmalig und endgültig und bewirkt die Tilgung der Sünden für alle Zeiten. Ebenso anschaulich hat Gott in Jesus Christus durch seine Auferstehung von den Toten (vgl. Mk 16,1-8) den Menschen eine ganz konkrete und deutliche, über den Tod hinausreichende Hoffnung vermittelt und darin seine Liebe erwiesen.

Als besonderes Zeichen seiner zuwendungsvollen grenzenlosen Liebe dürfen die Menschen Gott auch Vater nennen, was Jesus seinen Jüngern und auch uns durch das Vaterunser-Gebet vermittelt hat (vgl. Mt 6,9-13).

Damit die Botschaft der Liebe, die Frohe Botschaft auch möglichst viele Menschen erreicht, hat Jesus seine Jünger nach seiner Auferstehung beauftragt, diese Botschaft weiterzugeben (vgl. Mt 28,19-20), was auch durch ihre Nachfolger und deren Helfer (Geistliche und alle Christgläubigen) bis in unsere Zeit und auch in Zukunft weiter fortgeführt wird.

So wird besonders auch von der göttlichen Liebe her die Frage nach Gott und dem Leid dahingehend erhellt und verdeutlicht, dass der Mensch auch im Leid von Gottes Liebe umfangen ist, auch wenn er davon scheinbar nichts spürt.

## 9.0 Gott und das Leid

Auch im Leid ist Gott bei seinen Geschöpfen, denn als Schöpfer und Vater ist es ihm nicht gleichgültig, was mit seiner Schöpfung und seinen Kindern geschieht. Demgemäß heißt es auch im Weihnachtsoratorium von Johann Sebastian Bach: „Des Höchsten Sohn kömmt in die Welt, weil ihm ihr Heil so wohl gefällt."

Und dementsprechend heißt es u. a., dass sogar die Haare auf unserem Kopf gezählt sind (vgl. Mt 10,30) und auch, dass kein Spatz zur Erde fällt, ohne das Gott davon weiß (vgl. Mt 10,29). So wichtig sind ihm also seine Geschöpfe und Eltern, die ihre Kinder von Herzen lieben wie auch Menschen, die ihren Nächsten und ihre Mitgeschöpfe aufrichtig lieben, können diese Liebe, Sorge und Nähe Gottes zu seinen Geschöpfen nachempfinden.

Aber so wenig wie Väter und Mütter ihre Kinder vor allem Übel bewahren können, so wenig kann der Schöpfer seine Schöpfung vor allem Unheil bewahren, denn das ist eine Begleiterscheinung dieser irdischen Existenz.

Wie in den Ausführungen zuvor beschrieben, sind diese negativen Begleiterscheinungen des Lebens der Freiheit geschuldet, damit Liebe und Individualität überhaupt erst möglich werden. Ebenso wurde zuvor dargestellt, dass Leid einerseits oft selbst verursacht wird und damit eigentlich vermeidbar wäre. Andererseits beinhalten leidvolle Begebenheiten aber auch Wege zum Guten, wenn aus dem Übel etwas Gutes hervorgeht oder wenn dadurch Missstände erkannt und behoben werden.

Es ist aber auch denkbar, dass Gott das Gute und das Böse nebeneinander existieren lässt, weil das Böse nicht schadlos vom Guten getrennt werden kann. Ähnlich wie in einem Garten, wo die gewünschten Pflanzen zusammen mit dem Unkraut gedeihen und von diesem im Wachstum beeinträchtigt werden. Hier lässt sich das Unkraut nicht einfach entfernen, ohne den erwünschten Gewächsen in irgendeiner Weise dabei zu schaden. Einen Garten legen wir nicht an, um Unkraut, sondern um die gewünschten Pflanzen gedeihen zu lassen. So ist es auch anzunehmen, dass Gott diese Welt nicht wegen des Bösen, sondern wegen des Guten erschaffen hat.

Wenn Ijob fragt, ob wir, wenn wir das Gute von Gott annehmen, nicht auch das Böse von ihm annehmen sollen (vgl. Ijob 2,10), dann bezieht sich hier das Böse auf das Leid, das mit dem Guten im Leben einhergeht, denn von Gott kommt nichts Böses. Wenn Gott also Leid zulässt, geschieht dieses nur als Begleiterscheinung des von Gott gedachten und gewünschten Guten.

Vor allem aber der hier auch beschriebene Kreuzestod Jesu zeigt Gottes Solidarität mit allen Leidenden. Neben anderen Aspekten ist vor allem das Kreuz ein Zeichen der unüberbietbaren Liebe Gottes gegenüber seinen Geschöpfen, die letztlich über das Leid und den Tod hinausführt und -trägt. Das Zweite Vatikanische Konzil beschreibt diese Tatsache so: „Auch hat ja Christus, wie die Kirche immer gelehrt hat und lehrt, in Freiheit, um der Sünden aller Menschen willen, sein Leiden und seinen Tod aus unendlicher Liebe auf sich genommen, damit alle das Heil erlangen."[12] Und so dürfen wir trotz des immensen und vielfältigen Leids auf Erden ein Leben voller Zuversicht führen mit allen daraus resultierenden Konsequenzen.

---

[12] Karl Rahner, Herbert Vorgrimler: Kleines Konzilskompendium, Verlag Herder, Freiburg im Breisgau 1966, S. 359.

# 9.1 Ein Leben voller Zuversicht

Die christliche Soteriologie (Lehre vom Heil) ist auf das umfassende Heil im Diesseits wie im Jenseits ausgerichtet, sodass besonders das Leben des Christen, der die Heilsbedeutung seines Glaubens mehr oder minder kennt, voller Zuversicht sein darf und muss. Dementsprechend heißt es auch im Katechismus: „Es gibt kein Element der christlichen Botschaft, das nicht auch Antwort auf das Problem des Bösen wäre."[13]

Somit ist der christliche Glaube ein Wegbereiter für ein zuversichtliches Leben inmitten einer leidvollen Welt. Daraus ergibt sich aber auch die Forderung, dass die Christen ihrem Glauben treu bleiben und ihn weitergeben, sowohl untereinander als auch den Nichtchristen. Vor allem aber ist gerade der Christ aufgefordert, gegen jegliches Leid anzukämpfen und das Böse zu besiegen, weniger mit militärischen Waffen, denn die schaffen nur neues Leid, als vielmehr mit den Waffen der Liebe, die Christus uns lehrt. Wir können so u. a. viel Leid mindern, indem wir unseren Widersachern vergeben bzw. durch un-

---

[13] Katechismus der katholischen Kirche, R. Oldenbourg Verlag, München 1993, S. 113.

sere stetige Bereitschaft zur Friedfertigkeit und Vergebung (vgl. Mt 18,21-22). Und auch wenn wir uns an die Forderung Jesu halten und jeden so behandeln wie wir selbst behandelt werden wollen (vgl. Mt 7,12), dann können wir viel Leid vermeiden. Besonders die Hilf- und Wehrlosen wie die Kinder in dieser Welt sind auf unsere Hilfe angewiesen. Lassen wir uns dabei durch keine Hindernisse oder Grenzen aufhalten, denn wenn Kinder weinen oder lachen, klingt das überall auf der Welt gleich. Bemühen wir uns im Sinne Jesu, dass das Lachen überwiegt.

Als Teil der Kirche, die von der Kraft des auferstandenen Herrn gestärkt ist, um ihre Trübsale und Mühen zu besiegen[14], dürfen wir diese Stärkung in Anspruch nehmen und auch weitergeben. Jesus selbst spricht seinen Jüngern und uns dabei Mut zu, indem er sagt: „In der Welt seid ihr in Bedrängnis; aber habt Mut: Ich habe die Welt besiegt." (vgl. Joh 16,33)

Ohne dabei weltfremd zu werden, dürfen wir bei allem irdischen Einsatz das Leid zu überwinden und zu besiegen, aber auch den Blick auf unsere endgültige Zukunft in Gottes Ewigkeit richten.

---

[14] Vgl. Karl Rahner, Herbert Vorgrimler: Kleines Konzilskompendium, Verlag Herder, Freiburg im Breisgau 1966, S. 131, 132.

## 9.2 In Anbetracht der Ewigkeit

In Anbetracht des Lebens in der Ewigkeit relativiert sich alles, was im irdischen Leben scheinbar voller Bedeutung ist. In diesem Sinne sagt der Apostel Paulus: „Ich bin überzeugt, daß die Leiden der gegenwärtigen Zeit nichts bedeuten im Vergleich zu der Herrlichkeit, die an uns offenbar werden soll." (Röm 8,18) Gott hat für seine Geschöpfe und die gesamte Schöpfung einen Platz in der Ewigkeit vorgesehen, in der das Leid und auch der Tod endgültig besiegt sind (vgl. auch Röm 8, 1-2,21). Entsprechend heißt es in der Offenbarung des Johannes: „Er wird alle Tränen von ihren Augen abwischen: Der Tod wird nicht mehr sein, keine Trauer, keine Klage, keine Mühsal. Denn was früher war, ist vergangen." (21,4)

Ähnlich wie eine Frau, die nach der Geburt ihres Kindes aus Freude über ihr Kind nicht mehr an die Strapazen und Schmerzen der Geburt denkt (vgl. Joh 16,21), so ähnlich ist es vorstellbar, dass der Mensch angesichts des ewigen Lebens bei Gott und aus Freude darüber nicht mehr an die Leiden des irdischen Lebens denkt.

*Auch als Resümee und Quintessenz betrachtet, ist das irdische Sein die Voraussetzung und Bedingung für das himmlische und ewige Sein. Dabei beinhaltet das irdische Leben als eine negative Begleiterscheinung das Leid, welches zu Gunsten der Freiheit und der Liebe, zwangsläufig ein Bestandteil des Lebens ist. Das ewige Leben bei Gott ist letztlich das Ziel des irdischen Seins.*

So ist es doch selbst bei allem irdischen Leid besser zu sein, als nicht zu sein[15].

Gerade im Hinblick auf die Ewigkeit und das künftige ewige Leben in Vollkommenheit und Glückseligkeit, das uns zuteilwerden soll, müssen wir Christen es als unseren Auftrag ansehen, uns im Sinne des Evangeliums für das Gute in der Welt einzusetzen, dem Leid entgegenzuwirken und es zu überwinden. Dabei müssen wir Zeugen unseres Glaubens sein mit der Überzeugung, wie sie von den Aposteln Petrus und Johannes überliefert ist: „Wir können unmöglich schweigen über das, was wir gesehen und gehört haben." (Apg 4,20) Wobei wir diese Glaubensinhalte weniger direkt als vielmehr indirekt „gesehen und gehört" haben, indem wir das glaubwürdige Zeugnis der ursprünglichen Glaubenszeugen übernommen haben.

Mit der Kraft dieses Glaubens dürfen wir voll Vertrauen den Blick über das Übel hinweg auf unsere Zukunft bei Gott richten. Denn diese ist die Bestimmung des Menschen und der gesamten Schöpfung.

---

[15] Vgl. Johannes Paul II: Die Schwelle der Hoffnung überschreiten, Hoffmann und Campe Verlag, Hamburg 1994, S. 48,49.

# Nachwort

Wenn ich auch dieses Schriftwerk nach einem langen Prozess des Suchens, Forschens und der Verknüpfung logischer Schlussfolgerungen entworfen habe und von seiner Richtigkeit felsenfest überzeugt bin, so besteht auch für mich die Möglichkeit, dass ich wie jeder andere Mensch auch angesichts des Leids zuweilen daran fast verzweifeln oder wieder in alte Denk- und Verhaltensmuster zurückfallen kann. Denn wider besseren Wissens und Erkennens schützen die hier vorliegenden Informationen und logischen Schlussfolgerungen nicht davor, vieles infrage zu stellen und hilflos dem Leid gegenüberzustehen. So existenziell und gravierend können eben leidvolle Erfahrungen sein, dass der Verstand der Logik und sinnvollen Argumentation nur wenig oder gar nicht mehr folgen kann. Aber das ist selbst Jesus so ergangen, als er angsterfüllt in Getsemani am Ölberg darum bat, möglichst von seinem bevorstehenden Leiden verschont zu werden (vgl. Mt 26,39), obwohl er wusste, dass auch sein Leid besiegt würde. Oder als er um Lazarus weinte (vgl. Joh 11, 35), obwohl er vom ewigen Leben wusste.

Dennoch ist es wichtig und hilfreich, alle Argumentationen zu bewahren, welche die Dunkelheit um die Frage nach dem Zusammenhang von Gott und dem Leid erhellen können. Das vorliegende

Werk soll dazu seinen Beitrag leisten. Damit der Verstand, wenn er (wieder) empfänglich dafür ist, mögliche Antworten auf die vielen, um die Theodizee kreisenden Fragen, erfassen und dann auch zur Ruhe kommen kann.

Des Weiteren ist das Bemühen um Antworten auf scheinbar unlösbare Fragen nicht vergeblich. Denn selbst ein schwacher Lösungsansatz auf Problemfragen wie das Theodizeeproblem beinhaltet, dass dieser genau so oder in ähnlicher Weise seine Richtigkeit hat bzw. dass auch eine ganz andere Lösung möglich ist. In jedem Fall aber steht ein plausibler Grund dahinter mit einem tiefen göttlichen Sinn, der schon in Christi Leben und Wirken erkennbar ist und schließlich auf das Heil der ganzen Schöpfung hin ausgerichtet ist.

Letztlich ist es allein der Glaube, der über das Leid hinaus trägt und die in Christus und dem Schöpfergott begründete Zuversicht nährt, dass das Leid in unserem Leben nicht das letzte Wort hat.

Gelobt sei Jesus Christus

Diakon

Dirk Gellert

# Prägnante Sätze

## Die leidvollen Tatsachen:

- Allen voran hat die Gottesmutter Maria unvergleichliches Leid erfahren, als sie mit ansehen musste, wie ihr geliebter Sohn Jesus Christus verspottet und gegeißelt wurde und wie er sich auf dem Weg zur Kreuzigungsstätte quälen musste. Jeder Nagel, der in die Handwurzeln und Füße Jesu getrieben wurde hat auch Maria mitten ins Herz getroffen. Zuletzt musste sie dann noch miterleben, wie ihr Sohn elendig am Kreuz starb.

**Es gibt kein größeres Leid als das, was der Gottesmutter hier widerfahren ist und von Gott zugemutet wurde.**

- Alle Geschöpfe müssen mehr oder minder leiden, vom Heiligen bis zum Schwerverbrecher, vom Säugling bis zum Greis, Menschen und Tiere.

## Die klassischen Antworten auf das Leid:

- Leid hat somit auch einen erzieherischen und läuternden Charakter, wie dies schon im Alten Testament erwähnt wird, wobei Begriffe wie Prüfung und Züchtigung durch Gott in diesem Zusammenhang zu verstehen sind und zur Einsicht führen sollen (vgl. z. B. Jdt 8,25-27).

- Das Kreuz Christi ist wohl das bedeutendste Argument, das dem Leid gegenübersteht. Denn Gott selbst hat in und mit Jesus Christus gelitten, der den schmachvollen und grausamen Todeskampf und Tod am Kreuz auf sich genommen hat.

- Aus Liebe und Solidarität zu allen Leidenden hat Gott in Jesus Christus den Kreuzestod auf sich genommen.

- In Anbetracht des Lebens in der Ewigkeit relativiert sich alles, was im irdischen Leben scheinbar voller Bedeutung ist. In diesem Sinne sagt der Apostel Paulus: „Ich bin überzeugt, daß die Leiden der gegenwärtigen Zeit nichts bedeuten im Vergleich zu der Herrlichkeit, die an uns offenbar werden soll." (Röm 8,18)

## Die logischen, möglichen oder aus klassischen Erkenntnissen resultierenden Antworten auf das Leid:

- Eingedenk dessen, dass die Liebe Gottes das Böse nicht anrechnet (vgl. 1Kor 13,5), kann das Leid keine Strafe für die Sünde sein.

- Gerade vor dem hier beschriebenen Hintergrund, dass mit dem Positiven auch Negatives einhergeht, ist das Leid in der Welt ein durchaus erklärbarer Zustand.

- Wie also die positive Wirkung des Medikamentes mit den negativen Nebenwirkungen einhergeht, so ist das irdische Leben mit dem Leid verbunden.

- Denn vor allem dann, wenn aus dem Leid etwas Gutes erwächst bzw. sich etwas Positives entwickelt, dann hat das Leid einen gewissen „Sinn". Manchmal erschließt sich dieser Sinn auch erst später, wenn die aus dem Leid resultierenden positiven Folgen erkennbar sind.

- Denn die Welt ist so, wie sie ist, damit sie ihren von Gott vorherbestimmten Sinn erfüllt. Das Leid ist hierbei als eine negative Begleiterscheinung zu sehen, die aber zwangsläufig dazugehört, um das von Gott bestimmte Ziel zu erreichen.

- Somit ist das Leben der Sinn dieser Welt und das ihr vom Schöpfer zugedachte Ziel.

- Diese Freiheit ist Voraussetzung dafür, dass wirkliche Liebe, Eigenständigkeit und Individualität überhaupt erst möglich sind.

- Der Nachteil, der zwangsläufig mit der freiheitlichen Grundordnung einhergeht, ist das Leid.

- Aber so wenig wie Väter und Mütter ihre Kinder vor allem Übel bewahren können, so wenig kann der Schöpfer seine Schöpfung vor allem Unheil bewahren, denn das ist eine Begleiterscheinung dieser irdischen Existenz.

*(Ergänzende Anmerkung: So wenig, wie Eltern ihre Kinder einsperren können um sie vor allem Übel in der Welt zu bewahren, so ist es denkbar, dass Gott die Freiheit des Menschen aus demselben Grund auch nicht einschränkt. Denn eine starke Einschränkung der Freiheit wie das „Einsperren der Kinder" könnte zwar vor manchem Übel bewahren, hätte aber doch*

*letztlich eine schwere Störung der geistigen und körperlichen Gesundheit zur Folge. Ganz davon abgesehen, dass das Leid durch eine starke freiheitliche Einschränkung wie das „Einsperren" auch nicht ganz verhindert werden könnte)*

- Wenn Gott also Leid zulässt, geschieht dieses nur als Begleiterscheinung des von Gott gedachten und gewünschten Guten.

*(Ergänzende Anmerkung: Wenn Gott das Leid zulässt ist er deswegen nicht die Ursache dafür – das ist der Mensch oftmals selbst. Und auch wenn Gott unsere Gebete und Bitten nicht in der Weise erhört wie wir uns das wünschen, trägt er deswegen keine Schuld an unserem Leid. Denn wie Gott auf unsere Bitten und Gebete reagiert, erschließt sich nicht immer oder erst später, weil der Wille Gottes, der letztlich zum Guten hin ausgerichtet ist, nicht immer mit unseren Vorstellungen übereinstimmt vgl. Jes 55,8. Ebenso erfüllen auch Eltern manche Wünsche ihrer Kinder nicht oder in anderer Weise, weil dieses letztlich dem Wohlergehen des Kindes dient.)*

**- *Auch als Resümee und Quintessenz betrachtet, ist das irdische Sein die Voraussetzung und Bedingung für das himmlische und ewige***

*Sein. Dabei beinhaltet das irdische Leben als eine negative Begleiterscheinung das Leid, welches zu Gunsten der Freiheit und der Liebe, zwangsläufig ein Bestandteil des Lebens ist. Das ewige Leben bei Gott ist letztlich das Ziel des irdischen Seins.*

## Die Forderung aus dem Glauben:

- Gerade im Hinblick auf die Ewigkeit und das künftige ewige Leben in Vollkommenheit und Glückseligkeit, das uns zuteilwerden soll, müssen wir Christen es als unseren Auftrag ansehen, uns im Sinne des Evangeliums für das Gute in der Welt einzusetzen, dem Leid entgegenzuwirken und es zu überwinden.

- Besonders die Hilf- und Wehrlosen wie die Kinder in dieser Welt sind auf unsere Hilfe angewiesen. Lassen wir uns dabei durch keine Hindernisse oder Grenzen aufhalten, denn wenn Kinder weinen oder lachen, klingt das überall auf der Welt gleich. Bemühen wir uns im Sinne Jesu, dass das Lachen überwiegt.

# Anhang

# Wortlaut der angeführten Bibeltexte

**(Sofern dieser im Text nicht hinreichend ersichtlich ist)**

## *Seite 14: Ijob Kapitel 1 und 2*

Wesentliche Passagen im Textzusammenhang:

Im Land Uz lebte ein Mann mit Namen Ijob. Dieser Mann war untadelig und rechtschaffen; er fürchtete Gott und mied das Böse. Sieben Söhne und drei Töchter wurden ihm geboren. Er besaß siebentausend Stück Kleinvieh, dreitausend Kamele, fünfhundert Joch Rinder und fünfhundert Esel, dazu zahlreiches Gesinde. (Ijob 1,1-3)

Nun geschah es eines Tages, dass seine Söhne und Töchter im Haus ihres erstgeborenen Bruders aßen und Wein tranken. Da kam ein Bote zu Ijob und meldete: Die Rinder waren beim Pflügen und die Esel weideten daneben. Da fielen Sabäer ein, nahmen sie weg und erschlugen die Knechte mit scharfem Schwert. Ich ganz allein bin entronnen, um es dir zu berichten. Noch ist dieser am Reden, da kommt schon ein anderer und sagt: Feuer Gottes fiel vom Himmel, schlug brennend ein in die Schafe und Knechte und verzehrte sie. Ich ganz allein bin entronnen um es dir zu berichten. Noch ist dieser am Reden, da kommt schon ein anderer und sagt: Die Chaldäer stellten drei Rotten auf, fielen über die Kamele her, nahmen sie weg und erschlugen die Knechte mit scharfem Schwert. Ich ganz allein bin entronnen um es dir zu berichten. Noch ist dieser am Reden, da kommt schon ein anderer und sagt: Deine Söhne und Töchter aßen und tranken Wein im Haus ihres erstgeborenen Bruders. Da kam ein gewaltiger Wind über die Wüste und packte das Haus an allen vier Ecken; es stürzte über die jungen Leute, und sie starben. Ich ganz allein bin entronnen, um es dir zu berichten. (Ijob 1, 13-19)

Der Satan ging weg vom Angesicht Gottes und schlug Ijob mit bösartigem Geschwür von der Fußsohle bis zum Scheitel (Ijob 2, 7)

## *Seite 21: 1 Korinther 13, 5*

Bezugnehmend auf die Liebe:

Sie handelt nicht ungehörig, sucht nicht ihren Vorteil, lässt sich nicht zum Zorn reizen, trägt das Böse nicht nach.

## *Seite 21: Lukas 13,1-4*

Zu dieser Zeit kamen einige Leute zu Jesus und berichteten ihm von den Galiläern, die Pilatus beim Opfern umbringen ließ, so daß sich ihr Blut mit dem ihrer Opfertiere vermischte. Da sagte er zu ihnen: Meint ihr, daß nur diese Galiläer Sünder waren, weil das mit ihnen geschehen ist, alle anderen Galiläer aber nicht? Nein, im Gegenteil: Ihr alle werdet genauso umkommen, wenn ihr euch nicht bekehrt. Oder jene achtzehn Menschen, die beim Einsturz des Turms von Schiloach erschlagen wurden – meint ihr, daß nur sie Schuld auf sich geladen hatten, alle anderen Einwohner von Jerusalem aber nicht?

## *Seite 34: Judit 8, 25-27*

Bei alldem aber laßt uns dem Herrn, unserem Gott, danken, daß er uns ebenso prüft wie schon unsere Väter. Denkt daran, was er mit Abraham machte, wie er Isaak prüfte und was Jakob im syrischen Mesopotamien erlebte, als er die Schafe Labans, des Bruders seiner Mutter, hütete. Denn wie er diese Männer im Feuer geläutert hat, um ihr Herz zu prüfen, so hat er auch mit uns kein Strafgericht vor, sondern der Herr züchtigt seine Freunde, um sie zur Einsicht zu führen.

## *Seite 46: Genesis Kapitel 1 und 2*

Wesentliche Passagen im Textzusammenhang:

Am Anfang schuf Gott Himmel und Erde; (Genesis 1,1)

Da formte Gott, der Herr, den Menschen aus Erde vom Ackerboden und blies in seine Nase den Lebensatem. So wurde der Mensch zu einem lebendigen Wesen. (Genesis 2,7)

## *Seite 46: Genesis 11, 1-9*

Wesentliche Passagen im Textzusammenhang:

Alle Menschen hatten die gleiche Sprache und gebrauchten die gleichen Worte. Als sie von Osten aufbrachen, fanden sie eine Ebene im Land Schinar und siedelten sich dort an. Sie sagten zueinander: Auf, formen wir Lehmziegel, und brennen wir sie zu Backsteinen. So dienten ihnen gebrannte Ziegel als Steine und Erdpech als Mörtel. Dann sagten sie: Auf, bauen wir uns eine Stadt und einen Turm mit einer Spitze bis zum Himmel, und machen wir uns damit einen Namen, dann werden wir uns nicht über die ganze Erde zerstreuen. (Genesis 11, 1-4)

Anmerkung zu Gen 11, 1-9:

An der alten Tradition von Babel als dem Schauplatz der Sprachverwirrung zeigt der Erzähler, dass hohe Zivilisation ohne Bindung an Gott die Menschen nicht eint und innerlich einander näher bringt, sondern sie entzweit, so dass sie sich gegenseitig nicht mehr verstehen.

## *Seite 46: Genesis 6,1-9,29*

Wesentliche Passage im Textzusammenhang:

Der Herr sah, daß auf der Erde die Schlechtigkeit des Menschen zunahm und daß alles Sinnen und Trachten seines Herzens immer nur böse war. (Genesis 6, 5)

## *Seite 46: Exodus 31,18-34,27*

Wesentliche Passagen im Textzusammenhang:

Nachdem der Herr zu Mose auf dem Berg Sinai alles gesagt hatte, übergab er ihm die beiden Tafeln der Bundesurkunde, steinerne Tafeln, auf die der Finger Gottes geschrieben hatte. Als das Volk sah, dass Mose immer noch nicht vom Berg herabkam, versammelte es sich um Aaron und sagte zu ihm: Komm, mach uns Götter, die vor uns herziehen. Denn dieser Mose, der Mann, der uns aus Ägypten heraufgebracht hat – wir wissen nicht, was mit ihm geschehen ist. Aaron antwortete: Nehmt euren Frauen, Söhnen und Töchtern die goldenen Ringe ab, die sie an den

Ohren tragen, und bringt sie her! Da nahm das ganze Volk die goldenen Ohrringe ab und brachte sie zu Aaron. Er nahm sie von ihnen entgegen, zeichnete mit einem Griffel eine Skizze und goß danach ein Kalb. Da sagten sie: Das sind deine Götter, Israel, die dich aus Ägypten heraufgeführt haben. (Exodus 31,18-32,4)

## *Seite 46: Jeremia 4, 1-4; Zefanja 2, 1-3; Sacharja 1, 1-6*

Wesentliche Passagen im Textzusammenhang:

Wenn du umkehren willst, Israel -Spruch des Herrn-, darfst du zu mir zurückkehren; wenn du deine Greuel entfernst, brauchst du vor mir nicht zu fliehen. (Jeremia 4, 1)

Sucht den Herrn, ihr Gedemütigten im Land, die ihr nach dem Recht des Herrn lebt. Sucht Gerechtigkeit, sucht Demut! Vielleicht bleibt ihr geborgen am Tag des Zornes des Herrn. (Zefanja 2, 3)

Im zweiten Jahr des Darius erging im achten Monat das Wort des Herrn an den Propheten Sacharja, den Sohn Berchjas, des Sohnes Iddos: Schwer hat der Herr euren Vätern gezürnt. Deshalb sag zu ihnen: So spricht der Herr der Heere: Kehrt um zu mir -Spruch des Herrn der Heere-, dann kehre ich um zu euch, spricht der Herr der Heere. (Sacharja 1, 1-3)

## *Seite 47: Exodus 20, 1-21*

Die aus dem Bibeltext im wesentlichen resultierenden 10 Gebote:

Du sollst neben mir keine anderen Götter haben.

Du sollst den Namen des Herrn, deines Gottes, nicht mißbrauchen.

Gedenke des Sabbats: Halte ihn heilig!

Ehre deinen Vater und deine Mutter.

Du sollst nicht morden.

Du sollst nicht die Ehe brechen.

Du sollst nicht stehlen.

Du sollst nicht falsch gegen deinen Nächsten aussagen.

Du sollst nicht nach dem Haus deines Nächsten verlangen.

Du sollst nicht nach der Frau deines Nächsten verlangen.

## *Seite 49: Lukas 15, 1-7*

Wesentliche Passagen im Textzusammenhang:

Da erzählte er ihnen ein Gleichnis und sagte: Wenn einer von euch hundert Schafe hat und eines davon verliert, läßt er dann nicht die neunundneunzig in der Steppe zurück und geht dem verlorenen nach, bis er es findet? Und wenn er es gefunden hat, nimmt er es voll Freude auf seine Schultern, und wenn er nach Hause kommt, ruft er seine Freunde und Nachbarn zusammen und sagt zu ihnen: Freut euch mit mir; ich habe mein Schaf wiedergefunden, das verloren war. Ich sage euch: Ebenso wird auch im Himmel mehr Freude herrschen über einen einzigen Sünder, der umkehrt, als über neunundneunzig Gerechte, die es nicht nötig haben umzukehren. (Lukas 15, 3-7)

## *Seite 49: Lukas 15,11-32:*

Wesentliche Passagen im Textzusammenhang:

Weiter sagte Jesus: Ein Mann hatte zwei Söhne. Der jüngere von ihnen sagte zu seinem Vater: Vater, gib mir das Erbteil, das mir zusteht. Da teilte der Vater das Vermögen auf. Nach wenigen Tagen packte der jüngere Sohn alles zusammen und zog in ein fernes Land. Dort führte er ein zügelloses Leben und verschleuderte sein Vermögen. Als er alles durchgebracht hatte, kam eine große Hungersnot über das Land, und es ging ihm sehr schlecht. Da ging er zu einem Bürger des Landes und drängte sich ihm auf; der schickte ihn aufs Feld zum Schweinehüten. Er hätte gern seinen Hunger mit den Futterschoten gestillt, die die Schweine fraßen; aber niemand gab ihm davon. Da ging er in sich und sagte: Wie viele Tagelöhner meines Vaters haben mehr als genug zu essen, und ich komme hier vor Hunger um. Ich will aufbrechen und zu meinem Vater gehen und zu ihm sagen: Vater, ich habe mich gegen den Himmel und gegen dich versündigt. Ich bin nicht mehr wert, dein Sohn zu sein; mach mich zu einem deiner Tagelöhner. Dann brach er auf und ging zu seinem Vater. Der Vater sah ihn schon von weitem kommen, und er hatte Mitleid mit ihm. Er lief dem Sohn entgegen, fiel ihm um den Hals und küßte ihn. (Lukas 15, 11-20)

## *Seite 50: Matthäus 6, 9-13*

So sollt ihr beten: Unser Vater im Himmel, dein Name werde geheiligt, dein Reich komme, dein Wille geschehe wie im Himmel, so auf der Erde. Gib uns heute das Brot, das wir brauchen. Und erlaß uns unsere Schulden, wie auch wir sie unseren Schuldnern erlassen haben. Und führe uns nicht in Versuchung, sondern rette uns vor dem Bösen.

## *Seite 50: Matthäus 28, 19-20*

Darum geht zu allen Völkern, und macht alle Menschen zu meinen Jüngern; tauft sie auf den Namen des Vaters und des Sohnes und des heiligen Geistes, und lehrt sie, alles zu befolgen was ich euch geboten habe. Seid gewiß: Ich bin bei euch alle Tage bis zum Ende der Welt.

## *Seite 56: Matthäus 18, 21-22*

Da trat Petrus zu ihm und fragte: Herr, wie oft muß ich meinem Bruder vergeben, wenn er sich gegen mich versündigt? Siebenmal? Jesus sagte zu ihm: Nicht siebenmal, sondern siebenundsiebzigmal.

(Anmerkung hierzu: siebenundsiebzigmal ist gleichbedeutend mit: immer, ohne Einschränkungen)

## *Seite 57: Römer 8, 1-2, 21*

Jetzt gibt es keine Verurteilung mehr für die, welche in Christus Jesus sind. Denn das Gesetz des Geistes und des Lebens in Christus Jesus hat dich frei gemacht vom Gesetz der Sünde und des Todes.

Auch die Schöpfung soll von der Sklaverei und Verlorenheit befreit werden zur Freiheit und Herrlichkeit der Kinder Gottes.

## *Seite 67: Jesaja 55, 8*

Meine Gedanken sind nicht eure Gedanken, und eure Wege sind nicht meine Wege – Spruch des Herrn.

Der Autor:

Dirk Gellert, Jahrgang 1969, verheiratet, zwei Kinder, wurde am 24.03.2012 im Hohen Dom zu Paderborn durch den H.H. Erzbischof Hans-Josef Becker zum Ständigen Diakon geweiht und ist seitdem neben seinem Hauptberuf als kfm. Angestellter in der Gemeindeseelsorge tätig. Seit gut drei Jahrzehnten beschäftigt er sich mit vielen theologischen Grundfragen wie besonders mit der Theodizee und Eschatologie.

# Stat crux dum volvitur orbis
**(Das Kreuz steht fest, während die Welt sich dreht)**

# Erläuterung zur Widmung

Dieses Buch ist besonders meinen seligen Großmüttern Emilie Gellert und Maria Eckhart in liebevollem und ehrendem Gedenken gewidmet, die stellvertretend für jene Menschen stehen, die trotz aller leidvollen Erfahrungen in ihrem Leben, dem christlichen Glauben treu geblieben sind, aus ihm ihre Kraft geschöpft und sich überall da wo es ihnen möglich war, für das Gute eingesetzt haben.

Emilie Gellert 1910-1988, ist meine Großmutter väterlicherseits. Sie lebte in Ostpreußen und war Mutter von zwei Kindern (Elly und Werner+, meinem Vater). Ihr Mann Leopold fiel im Zweiten Weltkrieg an der Ostfront und nach der gefahrvollen und entbehrungsreichen Flucht vor den Russen, führte sie ein sehr arbeitsreiches Leben zur Sicherung des Überlebens, der Existenz und zum Wohle ihrer Kinder. Einen weiteren Schicksalsschlag musste sie hinnehmen, als ihr Sohn Werner 1976 durch einen Verkehrsunfall ums Leben kam.


Maria Eckhart 1907-1968, ist meine Großmutter mütterlicherseits. Sie lebte in Willebadessen und war Mutter von neun Kindern (Josef+, Heinz, Ludwig+, Franz, Rochus+, Walter+, Brunhilde+, Eva und Marietheres, meiner Mutter +1996). Sie erlebte mit ihrem Mann Rochus+ den gefahrvollen und entbehrungsreichen Zweiten Weltkrieg an der so genannten Heimatfront und die schwere Zeit der ersten Nachkriegsjahre. Sie war stets um das Wohl ihrer Kinder bemüht und überwand dabei alle Schwierigkeiten mit denen eine kinderreiche Familie zu kämpfen hatte.

**Herr,**

**laß das Böse geringer werden**

**und das Gute um so kräftiger sein.**

**Laß die Traurigkeit schwinden**

**und Freude um sich greifen.**

**Laß uns annehmen und geben können**

**und einander behilflich sein.**

**Laß die Mißverständnisse aufhören**

**und die Enttäuschten Mut gewinnen.**

**Laß die Kranken Trost finden**

**und die Sterbenden deine Erbarmung.**

**Laß uns wohnen können auf Erden**

**und die Ernten gerecht verteilen.**

**Laß Frieden unter den Menschen sein,**

**Frieden im Herzen – rund um die Erde.**

(Zitat: Gotteslob, Kath. Gebet- und Gesangbuch mit dem Anhang für das Erzbistum Paderborn, Herausgegeben von den Bischöfen Deutschlands und Österreichs und der Bistümer Bozen-Brixen, Lüttich und Luxemburg, Kath. Bibelanstalt GmbH, Stuttgart 1975, S. 35).

**Wir beten dich an,**

**Herr Jesus Christus,**

**und preisen dich,**

**denn durch dein heiliges Kreuz**

**hast du die Welt erlöst.**

**Dein Kreuz,**

**o Herr,**

**verehren wir,**

**und deine heilige Auferstehung**

**preisen und rühmen wir:**

**Denn siehe,**

**durch das Holz des Kreuzes**

**kam Freude in alle Welt.**

(Zitat: Gotteslob, Kath. Gebet- und Gesangbuch Ausgabe für das Erzbistum Paderborn, Herausgegeben von den (Erz-)Bischöfen Deutschlands und Österreichs und dem Bischof von Bozen-Brixen, Kath. Bibelanstalt GmbH, Stuttgart 2013, S.42).

**Unter deinen Schutz und Schirm fliehen wir,**

**o heilige Gottesmutter,**

**verschmähe nicht unser Gebet in unseren Nöten,**

**sondern erlöse uns jederzeit von allen Gefahren.**

**O du glorreiche und gebenedeite Jungfrau,**

**unsere Frau, unsere Mittlerin, unsere Fürsprecherin,**

**versöhne uns mit deinem Sohne,**

**empfiehl uns deinem Sohne,**

**stelle uns vor deinem Sohne.**

(Zitat: Gotteslob, Kath. Gebet- und Gesangbuch Ausgabe für das Erzbistum Paderborn, Herausgegeben von den (Erz-)Bischöfen Deutschlands und Österreichs und dem Bischof von Bozen-Brixen, Kath. Bibelanstalt GmbH, Stuttgart 2013, S.43).

# Literaturverzeichnis

Biser, Hahn, Langer: Lexikon des christlichen Glaubens, Pattloch Verlag GmbH & Co. KG, München 2003

Die Bibel, Altes und Neues Testament, Einheitsübersetzung, Lizenzausgabe für den Verlag Herder, Freiburg im Breisgau, Katholische Bibelanstalt GmbH, Stuttgart 1980

Gerhard Ludwig Müller: Katholische Dogmatik, Verlag Herder, Freiburg i. Br. 1995

Gisbert Greshake: Der Preis der Liebe, Verlag Herder, Freiburg im Breisgau 1978

Hermann Schulze-Berndt: Sinnlos leiden? Steyler Verlag, Nettetal 1998

Johannes Paul ll.: Die Schwelle der Hoffnung überschreiten, Hoffmann und Campe Verlag, Hamburg 1994

Johannes Paul ll.: Was ich euch sagen will, Verlag Herder, Freiburg im Breisgau 1996

Karl Rahner, Herbert Vorgrimler: Kleines Konzilskompendium, Verlag Herder, Freiburg im Breisgau 1966

Katechismus der katholischen Kirche, R. Oldenbourg Verlag, München 1993

Peter Hahne: Leid, Warum lässt Gott das zu?
Hänssler-Verlag, Neuhausen-Stuttgart 1988

Wilfried Ehlen: Epochen Dichter Werke, Verlag
H. Stam GmbH, Köln-Porz 1976